AIUTO, MIO FIGLIO È LGBTQ

Joan Pont

Per Cristian

AIUTO, MIO FIGLIO/A È LGBTQ+!
© Joan Pont Galmés [2024]
Tutti i diritti riservati.

AIUTO, MIO FIGLIO/A È LGBTQ+!

Cara lettrice, caro lettore,

Sono l'autore di questo libro e mio figlio è gay. Oltre alla sua nascita, il fatto che mio figlio sia gay è una delle cose migliori che mi siano capitate nella vita.

La gente mi dice spesso che mio figlio è stato fortunato ad avere i genitori che ha, ma io non credo affatto che sia così.

Questo libro non dovrebbe essere necessario, ma purtroppo lo è ancora. È una guida per le madri e i padri che hanno dubbi o che provano rifiuto di fronte a qualcosa che non capiscono. Cerchiamo di chiarire le idee e di prepararci a sostenere i nostri figli, per i quali ci siamo tanto sacrificati. Proviamo a comprendere le loro aspettative, le loro illusioni e i loro problemi per essere sempre lì, accanto a loro, quando hanno bisogno di noi.

PER QUESTO SIAMO I LORO GENITORI.

1 - CHIARIRE I CONCETTI.

L'omosessualità è l'attrazione erotica, romantica e sessuale che una persona prova in modo duraturo verso individui dello stesso sesso. In altre parole, gli uomini omosessuali sono coloro che provano attrazione per altri uomini e le donne omosessuali sono coloro che provano attrazione per altre donne.

L'omosessualità è un orientamento sessuale, una forma di attrazione o interesse sessuo-affettivo, che quindi riguarda l'oggetto del desiderio. Le persone omosessuali (o bisessuali, se sono interessate sia al proprio sesso che al sesso opposto) possono avere diversi tipi di identità di genere, senza che ciò sia necessariamente collegato alla loro preferenza nel creare legami erotici e romantici.

Una cosa fondamentale che devi avere chiara fin da ora, madre o padre, è che tuo figlio o tua figlia **È NATO OMOSESSUALE**. L'orientamento sessuale è inscritto nei cromosomi, quindi **TUO FIGLIO ERA GIÀ OMOSESSUALE QUANDO È NATO**.

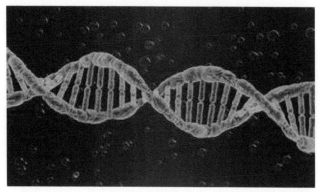

A molte persone costa capire questo e cadono nelle tipiche banalità del tipo: "Ma poi cambierà", "Ci pensi bene", o "Con il tempo queste cose si dimenticano".

AIUTO, MIO FIGLIO/A È LGBTQ+!

Se queste persone facessero uno sforzo mentale e comprendessero che anche loro sono eterosessuali dalla nascita e che questo non è qualcosa che si acquisisce da adulti, ma che è scritto nei geni e non c'è modo di cambiarlo, risparmierebbero molta sofferenza ai loro figli.

Immaginate la sofferenza dei ragazzi e delle ragazze omosessuali che provano attrazione per lo stesso sesso, qualcosa che è impossibile evitare, ma il cui ambiente familiare li spinge a cambiare, perché ciò che portano scritto nei geni è considerato qualcosa di sporco, proibito e innaturale. Riuscite a immaginarlo?

Questo è accaduto per molti anni, migliaia, quasi sempre a causa delle religioni che usavano il peccato contro Dio come forma di potere e dominio sul popolo.

Anticamente, la sessualità era concepita esclusivamente per la procreazione e goderne era visto come qualcosa di ripugnante dal cristianesimo. Si usava la paura del peccato come arma per avere il controllo e il potere sulla popolazione, una strategia perversa utilizzata universalmente da tutte le religioni. L'anima era considerata un'entità separata dal corpo, e quest'ultimo era visto come una punizione attraverso la quale si doveva necessariamente procreare e nient'altro. E che dire della visione dell'omosessualità, che veniva negata, perseguitata e punita con la morte.

Passando per il Rinascimento e l'Illuminismo, gli scrittori dell'età chiamata "Età della Ragione" iniziarono a esprimere idee femministe, affermando che la sessualità non può coesistere con l'antifemminismo e l'intolleranza alla libertà delle persone, ma è con l'industrializzazione che inizia una nuova e rivoluzionaria visione. Si iniziò a vedere il sesso e il piacere in esso non come qualcosa di oscuro e malvagio della natura umana, ma come un'espressione normale e necessaria delle persone.

Inoltre, grazie all'introduzione della donna al voto, all'educazione e, in definitiva, all'inizio dell'ascolto della sua voce, migliorarono molte delle sue condizioni e iniziarono a sorgere altri movimenti, come il collettivo LGTBIQ+, che iniziarono a rivendicare i propri diritti e a ottenere grandi progressi. Le persone si svegliarono e aprirono le loro menti, un tempo piene di intolleranza a causa della religione, per iniziare a rispettare i diritti di tutte le persone, qualunque sia il loro sesso, genere o orientamento sessuale.

LE PERSONE LGTBI+ PIÙ INFLUENTI AL MONDO IN QUESTO MOMENTO

Elliot Page: Attore, attivista e icona trans

Elliot Page, attore e attivista transgender, ha avuto una carriera straordinaria sia a Hollywood che nella sua vita personale. Nato il 21 febbraio 1987 a Halifax, in Canada, Page ha mostrato un precoce interesse per la recitazione, partecipando a produzioni locali e programmi televisivi canadesi prima di fare il suo debutto a Hollywood. La sua carriera ha preso il volo a livello internazionale quando ha interpretato Juno MacGuff nel film "Juno" (2007), un ruolo che gli è valso una nomination all'Oscar e ha affermato il suo talento e la sua autenticità come attore.

Carriera professionale

L'interpretazione di Page in "Juno" è stata solo l'inizio di una serie di successi al cinema. Da allora, ha partecipato a film come "Inception" (2010) e "X-Men: Days of Future Past" (2014), costruendo una carriera basata su personaggi complessi ed emotivi. La capacità di Page di trasmettere profondità e vulnerabilità sullo schermo lo ha reso uno dei giovani attori più promettenti della sua generazione.

Coming out e transizione

Page è stato aperto sulla sua identità per diversi anni. Inizialmente, ha dichiarato la sua omosessualità nel 2014 durante una conferenza di Time to Thrive, un evento organizzato dall'Human Rights Campaign.

Nel dicembre 2020, Page ha fatto un ulteriore passo avanti annunciando pubblicamente di essere transgender, identificandosi con il nome di Elliot e utilizzando pronomi maschili e neutri. La rivelazione è stata ampiamente sostenuta dai colleghi di Hollywood e dai suoi fan, diventando uno degli attori transgender più visibili nel mondo dello spettacolo.

Attivismo e visibilità

Da quando ha fatto coming out, Elliot Page ha utilizzato la sua piattaforma per difendere i diritti delle persone transgender. In interviste e sui suoi social media, Page è stato schietto sui problemi che affrontano le persone trans, specialmente in un clima politico e sociale spesso ostile verso la comunità. Nelle sue memorie, "Pageboy", pubblicate nel 2023, Page racconta le sue esperienze di vita e esplora la complessità dell'identità di genere e le difficoltà che ha affrontato crescendo e nella sua carriera prima e dopo aver reso pubblica la sua transizione.

Un'icona del cambiamento

La vita di Elliot Page rappresenta sia una lotta personale che un contributo significativo al movimento LGBTQ+. Il suo coraggio di vivere la sua verità su una scena mondiale ha ispirato molti, e la sua influenza ha contribuito a rendere visibili i problemi che affliggono la comunità trans in tutto il mondo. La sua transizione e la sua storia riflettono il potere dell'autenticità e l'impatto della rappresentazione positiva nei media, dimostrando che vivere apertamente può essere sia liberatorio che stimolante per gli altri.

La storia di Page è, senza dubbio, un promemoria del valore di abbracciare la propria identità, e la sua voce nell'attivismo continua ad aprire la strada affinché le persone trans e non binarie trovino accettazione e sostegno nella società.

2- COSA SIGNIFICA LGBTQ+?

Il termine iniziò a essere utilizzato negli anni '90, quando se ne iniziò a parlare apertamente. Inizialmente, si parlava solo di LGB (lesbiche, gay e bisessuali). Non si consideravano ancora altri termini come transgender, transessuale, intersex o queer, che corrispondono al resto delle sigle.

Nel XXI secolo si è iniziato a parlare di LGBT, l'acronimo più utilizzato fino a pochi anni fa, quando si è cominciato a parlarne più approfonditamente, dando un nome a ciò che prima non aveva un nome.

L di lesbica

Una donna è lesbica quando prova attrazione sessuale e affettiva per un'altra donna. Esistono donne lesbiche che si identificano come non binarie.

G di gay

Dal termine inglese, questa parola è stata adottata in quasi tutte le lingue per identificare gli uomini omosessuali, ovvero coloro che provano attrazione per altri uomini. Tra di loro possono esserci persone non binarie.

Il termine "**genere non binario**" si riferisce a un'identità di genere che non si inquadra nel tradizionale sistema binario di genere, che classifica le persone esclusivamente come uomini o donne. Invece di aderire a queste categorie rigide, le persone non binarie sperimentano il loro genere in modi che possono essere diversi e fluidi.

Cosa significa avere un'identità di genere non binaria? Per molte persone non binarie, la loro identità di genere non corrisponde alle aspettative sociali tradizionali su cosa signifchi essere uomini o donne. Alcune possono sentirsi in una posizione intermedia tra questi generi, mentre altre possono sperimentare un'identità di genere che cambia nel tempo o addirittura non identificarsi con nessun genere.

B di bisessuale

Una persona è bisessuale quando prova attrazione sia per gli uomini che per le donne, sia a livello sessuale che emotivo.

T di transgender o transessuale

Le persone transgender sono quelle che nascono con genitali e caratteristiche fisiche di un sesso, ma si sentono dell'altro. Si tratta di genere e non di sesso. Nel caso delle persone transessuali, si potrebbe dire che hanno subito un intervento chirurgico per adeguare il loro corpo alla loro identità di genere.

Alcuni pensano che la T si riferisca alle persone travestite. Una persona travestita non è necessariamente omosessuale. Molte persone si vestono del genere opposto al proprio per diverse ragioni.

I di intersex

A questo punto molti iniziano a perdersi nella terminologia. Sapevi che l'1,7% di tutti i bambini che nascono sono intersex? Potrebbe sembrare poco, ma secondo le statistiche, ci sono tante persone con questa condizione quanti sono i rossi. Curioso, vero? Le persone intersex nascono con genitali di entrambi i sessi. Alcune di queste persone possono avere una combinazione di cromosomi che rende impossibile assegnare un sesso o l'altro.

Q di queer

Così venivano chiamate, in modo dispregiativo, le persone omosessuali nell'Inghilterra del XIX secolo. Tuttavia, alla fine del XX secolo, la parola è stata rivendicata e oggi significa "diverso". All'interno di questo collettivo ci sono tutte quelle persone che non si identificano con

AIUTO, MIO FIGLIO/A È LGBTQ+!

nessuna etichetta e che vogliono vivere la loro identità sessuale in modo libero e senza discriminazioni.

+ (più): un simbolo che include altre opzioni

Dopo queste sigle, negli ultimi anni è stato aggiunto il simbolo "+" per includere altre minoranze che non rientrano in nessuno dei gruppi precedenti. In questo "+" possiamo includere persone pansessuali e omniesessuali (che possono provare attrazione per altre persone indipendentemente dal genere che queste abbiano, o anche se non si identificano con nessuno), demiesessuali (che per provare attrazione sessuale hanno bisogno di conoscere profondamente l'altra persona) o asessuali (basso o nullo interesse per il sesso). Sempre più persone si identificano con queste ultime categorie, motivo per cui alcuni includono la A nelle sigle, dando origine a LGTBIQA+.

LE PERSONE LGTBI+ PIÙ INFLUENTI AL MONDO IN QUESTO MOMENTO

Rossana Flamer-Caldera

Rossana Flamer-Caldera è una pioniera nell'attivismo per i diritti LGBTQ+ in Sri Lanka, dove l'omosessualità è ancora criminalizzata da arcaiche leggi coloniali. Come direttrice esecutiva dell'organizzazione Equal Ground, Flamer-Caldera ha lavorato instancabilmente per oltre due decenni per creare uno spazio sicuro e giusto per le persone LGBTQ+ nel suo paese e nel sud dell'Asia. Il suo impegno ha oltrepassato i confini dello Sri Lanka, rendendola una voce riconosciuta a livello internazionale nella lotta per i diritti umani e l'uguaglianza.

Inizi e motivazioni

Nata a Colombo, in Sri Lanka, in una società profondamente conservatrice e religiosa, dove le persone LGBTQ+ affrontano non solo discriminazione sociale ma anche ritorsioni legali, Flamer-Caldera è stata motivata a iniziare il suo lavoro a favore della comunità. Nel 2004, ha fondato Equal Ground, la prima e unica organizzazione in Sri Lanka dedicata ai diritti LGBTQ+. La creazione di questa organizzazione non è stata solo un atto di coraggio personale, ma una risposta urgente alla mancanza di risorse e supporto per la comunità nel suo paese.

Realizzazioni e attivismo

AIUTO, MIO FIGLIO/A È LGBTQ+!

Nel corso degli anni, Equal Ground ha guidato diverse campagne per promuovere la depenalizzazione dell'omosessualità in Sri Lanka. Flamer-Caldera e il suo team hanno fatto pressioni sul governo e hanno collaborato con organizzazioni internazionali, come le Nazioni Unite, per far riconoscere i diritti delle persone LGBTQ+. Nel 2022, uno dei successi significativi dell'organizzazione è stato ottenere dalla ONU la dichiarazione che la proibizione delle relazioni tra persone dello stesso sesso in Sri Lanka è una violazione dei diritti umani, rappresentando un passo avanti simbolico e legale verso l'uguaglianza.

Oltre al suo attivismo in Sri Lanka, Flamer-Caldera ha partecipato a forum internazionali, come le conferenze dell'ILGA (Associazione Internazionale delle Lesbiche, Gay, Bisessuali, Trans e Intersex), dove ha elevato la voce delle persone LGBTQ+ dell'Asia in un contesto globale. Attraverso il suo lavoro, ha dimostrato la necessità di una rete di supporto internazionale per combattere la discriminazione e la violenza che questa comunità affronta nel sud dell'Asia.

Sfide e speranza

Il lavoro di Rossana Flamer-Caldera non è stato privo di sfide. In una società dove la religione e la cultura giocano un ruolo importante nella vita quotidiana, Flamer-Caldera ha affrontato ostilità e minacce da parte di persone e gruppi che si oppongono ai suoi sforzi. Tuttavia, il suo coraggio e il suo impegno hanno prevalso, e la sua perseveranza è stata fondamentale per sfidare le norme sociali e avanzare verso uno Sri Lanka più inclusivo.

Nel corso della sua vita, Flamer-Caldera è stata un'ispirazione per molte persone dentro e fuori dallo Sri Lanka. La sua eredità, costruita su una base di resistenza e coraggio, continua a essere una fonte di speranza per coloro che cercano uguaglianza e rispetto in una regione dove il progresso può essere lento, ma dove ogni passo conta.

3- I PRIMI SEGNALI

Quando mio figlio ci ha detto di provare attrazione per i ragazzi, in realtà lo sapevamo già. La sessualità dei nostri figli, a prescindere dal genere, ci preoccupa, quindi noi genitori siamo attenti al loro sviluppo per poterli informare, prepararli e proteggerli in queste nuove fasi che, inevitabilmente, arrivano troppo presto per noi.

Siamo sempre attenti ai segnali. Le ragazze iniziano a parlare di ragazzi, vogliono uscire con le amiche, i loro corpi cambiano rapidamente, cosa che spaventa un po' noi genitori; i ragazzi guardano di nascosto le ragazze, formano gruppi in cui esibiscono la loro mascolinità e al mattino si strizzano i brufoli prima di correre a scuola. Spesso, così presi dalla routine quotidiana, potremmo non accorgerci che nostra figlia di tredici anni non sta sviluppandosi fisicamente come le altre ragazze, o che nostro figlio di quattordici anni non ha amici maschi, ma solo amiche con cui organizza pigiama party senza alcuna tensione sessuale. A volte, genitori e madri notano che i loro figli sono diversi dagli altri ragazzi, ma preferiscono non vederlo e lo ignorano, un atteggiamento che può durare molti anni, persino una vita intera, causando solo dolore e sofferenza. L'orientamento sessuale non sempre si manifesta con segni fisici evidenti, sia nell'eterosessualità che nell'omosessualità. Ci sono ragazze e ragazzi eterosessuali che provano attrazione fisica per il sesso opposto più tardi rispetto ad altri, ragazze lesbiche che non hanno la voce grave o non hanno un aspetto maschile, e ragazzi gay che non hanno la voce acuta e la maggior parte dei loro amici non sono femminili. Per fortuna, la diversità umana è così vasta che ognuno di noi è unico al mondo. Ma noi genitori osserviamo attentamente i nostri figli e, se non viviamo in una cultura che ci impone il rifiuto dell'omosessualità in modo così viscerale da costringerci a guardare dall'altra parte, sappiamo già qual è l'orientamento sessuale dei nostri figli molto prima che loro ce lo dicano. Personalmente, ho portato mio figlio a una manifestazione del Pride prima ancora che a tredici anni ci dicesse di provare attrazione per i ragazzi. Volevo saperne di più su questo mondo affascinante che non conoscevo, e volevo che lui capisse che ci sono molte altre persone con la sua stessa orientazione e le sue stesse preoccupazioni, e che non era solo e non lo sarebbe mai stato. Ci sono bambini che hanno bisogno di dire ai loro genitori di provare attrazione per persone dello stesso sesso, altri che non lo faranno mai, e altri ancora che lo diranno solo a uno dei due genitori, temendo che l'altro possa arrabbiarsi.

L'ACCETTAZIONE POSITIVA DELL'OMOSESSUALITÀ DEI NOSTRI FIGLI È FONDAMENTALE PER IL LORO PRESENTE E FUTURO.

L'emozione che ho provato quando mio figlio mi ha detto "Papà, mi piacciono i ragazzi" e io gli ho risposto "Lo sapevo già" è qualcosa che non dimenticherò mai. Nel momento in cui un ragazzo o una ragazza che si sente diverso dagli altri percepisce il sostegno e l'accettazione della propria famiglia si apre un mondo di possibilità.

SEI MIO FIGLIO E TI SOSTERRO SEMPRE IN TUTTO CIÒ CHE FARAI, FINCHÉ NON FARAI DEL MALE A NESSUNO.

AIUTO, MIO FIGLIO/A È LGBTQ+!

LE PERSONE LGTBI+ PIÙ INFLUENTI AL MONDO IN QUESTO MOMENTO

Jonathan Anderson

Jonathan Anderson: Un talento che ha rivoluzionato la moda

Jonathan Anderson è uno dei designer più influenti e rispettati della sua generazione, noto per il suo approccio avanguardista e disruptive. Nato in Irlanda del Nord nel 1984, Anderson ha lasciato un segno indelebile nel settore fin dalla fondazione del suo marchio, JW Anderson, nel 2008, e dal suo ruolo di direttore creativo di LOEWE dal 2013. Il suo stile distintivo combina concetti di fluidità di genere, forme astratte e una visione artistica che ha ridefinito i confini della moda contemporanea.

Gli inizi di JW Anderson

Jonathan Anderson ha iniziato la sua carriera nel design della moda dopo aver studiato al London College of Fashion. Inizialmente, JW Anderson si concentrava esclusivamente sulla moda maschile, ma nel 2010 Anderson ha lanciato la sua prima collezione di abbigliamento femminile, ottenendo attenzione e acclamazione internazionale. La sua capacità di combinare elementi della moda maschile e femminile in una stessa collezione ha sfidato le norme tradizionali e ha consolidato la sua reputazione come designer innovativo e senza paura di sperimentare.

Innovazione in LOEWE

La carriera di Anderson ha fatto un grande balzo in avanti quando è stato nominato direttore creativo di LOEWE, una casa di moda spagnola con una ricca storia nell'artigianato della pelle. Dalla sua entrata, Anderson ha rivitalizzato il marchio, infondendogli uno spirito moderno e artistico senza perdere l'essenza artigianale di LOEWE. Ha introdotto una nuova linea visiva che mescola storia e modernità, consolidando LOEWE come un marchio di lusso nella moda globale.

L'influenza di Anderson sulla moda gender fluid

Uno degli aspetti più innovativi del lavoro di Jonathan Anderson è il suo approccio alla moda gender fluid. Ha sfidato le convenzionali categorie di genere attraverso le sue collezioni, creando capi che possono essere indossati indifferentemente da uomini e donne. Anderson vede la moda come una forma di espressione che non dovrebbe essere limitata dal genere, e il suo lavoro in JW Anderson è stato pionieristico in questa direzione, contribuendo a rendere la moda fluida accettata nell'industria del lusso.

Una visione per il futuro

Jonathan Anderson continua a evolversi ed esplorare nuove forme di espressione nella moda, combinando influenze culturali, storiche e artistiche. Il suo impatto sull'industria è innegabile, e il suo approccio alla moda senza genere, insieme alla sua passione per l'arte e l'artigianato, ha cambiato il modo in cui comprendiamo il lusso e la moda di alta gamma. Come uno dei designer più visionari dei nostri tempi, Anderson rimane un punto di riferimento per l'innovazione e la creatività.

4- IL MONDO CHE TROVERANNO I NOSTRI FIGLI

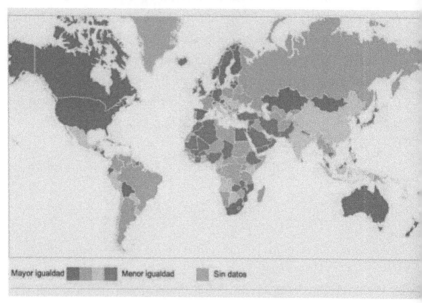

Il mondo che incontreranno i nostri figli LGBTQ+

Sia che sappiamo già che i nostri figli sono omosessuali, sia che questa scoperta ci colga di sorpresa, è fondamentale sostenerli ed essere al loro fianco. La situazione globale della comunità LGBTQ+ è complessa e varia significativamente da un paese all'altro, influenzata da fattori culturali, sociali, politici ed economici. Ecco una sintesi di alcuni aspetti chiave:

Progressi positivi

- **Diritti legali**: In molti paesi, si sono registrati progressi significativi nel riconoscimento dei diritti LGBTQ+. Ad esempio, diversi paesi hanno legalizzato il matrimonio tra persone dello stesso sesso e hanno adottato leggi contro la discriminazione.

AIUTO, MIO FIGLIO/A È LGBTQ+!

● **Visibilità e rappresentanza:** C'è una crescente visibilità della comunità LGBTQ+ nei media, nella politica e nella cultura, il che ha contribuito a una maggiore accettazione sociale in molte parti del mondo.

● **Organizzazioni e attivismo:** Esistono numerose organizzazioni che difendono i diritti LGBTQ+ e offrono supporto alle persone all'interno della comunità, così come alle loro famiglie.

Sfide persistenti

● **Discriminazione e violenza:** Nonostante i progressi, molte persone LGBTQ+ affrontano ancora discriminazione, molestie e violenza. Questo è particolarmente grave in alcune regioni, come in alcune parti dell'Africa e dell'Asia, dove le leggi e le attitudini sociali sono ostili.

● **Diritti riproduttivi e sanitari:** Le persone LGBTQ+ spesso affrontano barriere nell'accesso ai servizi sanitari, inclusa l'assistenza sanitaria sessuale e riproduttiva adeguata.

● **Crisi dei rifugiati:** Molte persone LGBTQ+ sono costrette a fuggire dai loro paesi a causa di persecuzioni e violenze. Tuttavia, spesso affrontano sfide aggiuntive nei paesi ospitanti.

Situazione regionale

● **Nord America ed Europa:** In generale, questi continenti hanno visto progressi significativi in termini di diritti LGBTQ+, sebbene persistano problemi di discriminazione e violenza.

- **America Latina:** Si sono registrati progressi in molti paesi, ma c'è anche resistenza e violenza, specialmente contro le persone trans.

- **Africa e Medio Oriente:** Molti paesi hanno leggi che criminalizzano l'omosessualità e le persone LGBTQ+ affrontano alti livelli di violenza e discriminazione.

- **Asia:** La situazione varia enormemente; alcuni paesi hanno leggi avanzate, mentre in altri, le persone LGBTQ+ affrontano persecuzione e stigmatizzazione.

In definitiva, la situazione della comunità LGBTQ+ a livello globale è dinamica e continua a evolversi. Sebbene ci siano stati progressi significativi in alcuni luoghi, persistono sfide considerevoli in molti altri. La lotta per l'uguaglianza e l'accettazione continua, e sono necessari sforzi congiunti per affrontare le ingiustizie e migliorare le condizioni di vita di tutte le persone LGBTQ+.

Noi, come genitori, dobbiamo dedicare tutti i nostri sforzi per aiutare a normalizzare la comunità.

COME POSSO AIUTARE A CREARE UN MONDO MIGLIORE PER MIO FIGLIO LGBTQ+?

Principalmente parlando di questo e diffondendo informazioni alle persone che ti circondano. A molte persone risulta ancora scomodo parlare di omosessualità. Lo accettano, ma non ne parlano mai, e se lo fanno usano termini dispregiativi come "frocio", "lesbica" o "trans" per riferirsi alle persone transgender. Nel mio caso specifico, quando parlo con le persone del tema LGBTQ+ dico sempre apertamente che mio figlio è gay, e mi sento molto bene nel farlo.

SFORTUNATAMENTE, È NECESSARIO ESSERE CORAGGIOSI PER DIRE AL MONDO INTERO CHE TUA FIGLIA O TUO FIGLIO SONO OMOSESSUALI.

FALLO, SII ORGOGLIOSO DEI TUOI FIGLI E NON PERMETTERE ALLA SOCIETÀ DI NASCONDERTI.

La visibilità contribuirà, a lungo termine, alla normalizzazione. La segretezza contribuisce a rafforzare i pregiudizi, spesso negativi, sulla comunità LGBTQ+.

COME POSSO AIUTARE A DARE VISIBILITÀ ALLA COMUNITÀ?

Il lavoro individuale: un passo alla volta

La divulgazione individuale è preziosissima. Inizia dai familiari più stretti: nonni, zii, cugini. Anche se è meglio chiedere prima a tuo figlio o tua figlia, perché potrebbero non sentirsi a proprio agio. In questi casi, a volte non è necessario parlarne apertamente, non c'è bisogno di annunciare formalmente l'omosessualità di tuo figlio o tua figlia, ma puoi lanciare delle battute in modo del tutto naturale. Ad esempio, se una nonna o un nonno fa la solita domanda: "Hai già un fidanzato/a?", puoi rispondere: "Fidanzato o fidanzata", con un gesto di complicità verso tuo figlio o tua figlia, e viceversa. In questo modo introduci l'argomento senza imbarazzare nessuno.

Fuori dall'ambiente familiare puoi essere molto più diretto. Quando esce l'argomento al lavoro, per esempio, io dico sempre con orgoglio: "Mio figlio è gay". Nel mio caso, tutti i miei colleghi lo sanno e sono orgoglioso di aver reso normale parlare di questo argomento. Quando ho clienti gay, dico sempre ai miei colleghi: "Sono felice quando vengono i gay, perché così immagino come sarà mio figlio da grande". In questo modo si evita anche che le persone intorno a te usino un linguaggio offensivo nei confronti della comunità.

Ad esempio, un collega potrebbe dire: "I gay sono molto promiscui". In questo caso io rispondo: "I gay sono esattamente uguali agli etero. O forse a te non piacerebbe uscire con tutte le donne che puoi?". Nel caso delle lesbiche, il commento offensivo potrebbe essere: "Una fa da uomo e l'altra da donna". Se è una donna a dirlo, puoi rispondere: "Se tu chiedi a tuo marito di fare l'amore, allora tu sei l'uomo della coppia?".

Questi piccoli gesti sono molto importanti e poco a poco aiutano la società a parlare delle persone omosessuali allo stesso modo in cui parla delle persone eterosessuali.

NON VERGOGNARTI MAI PERCHÉ TUA FIGLIA O TUO FIGLIO È OMOSESSUALE.

DILLO A TUTTI:

SONO ORGOGLIOSA DI MIA FIGLIA LESBICA.

SONO ORGOGLIOSO DI MIO FIGLIO GAY.

SONO ORGOGLIOSO DI MIO FIGLIO TRANS.

LE PERSONE LGTBI+ PIÙ INFLUENTI AL MONDO IN QUESTO MOMENTO

Whitney y Megan Bacon-Evans

Whitney e Megan Bacon-Evans: Pionere della lotta per l'uguaglianza riproduttiva

Whitney e Megan Bacon-Evans, conosciute sui social come "Wegan", sono una coppia britannica e una delle voci più influenti nell'attivismo LGBTQ+ e nell'uguaglianza di accesso ai servizi sanitari riproduttivi. Dalla loro piattaforma, hanno utilizzato la loro visibilità per denunciare le ingiustizie che affrontano le coppie dello stesso sesso nel loro paese e, attraverso un caso storico, sono riuscite a cambiare le politiche del Servizio Sanitario Nazionale (NHS) del Regno Unito, che discriminava le coppie dello stesso sesso nei trattamenti di fertilità.

Gli inizi del loro attivismo e la loro vita da influencer

Whitney e Megan sono influencer della comunità LGBTQ+ e hanno condiviso la loro vita di coppia sin dall'inizio della loro relazione. La loro relazione, documentata sui social media sotto il nome di "Wegan", ha ispirato migliaia di follower attraverso post che riflettono la loro vita quotidiana, il loro amore e le loro lotte personali. Con migliaia di

AIUTO, MIO FIGLIO/A È LGBTQ+!

follower sui loro social, hanno creato uno spazio sicuro e positivo che celebra l'amore tra persone dello stesso sesso e offre una rappresentazione per la comunità LGBTQ+.

La lotta per l'uguaglianza nell'accesso alla fertilità

Il loro attivismo ha raggiunto un punto cruciale nel 2021, quando la coppia ha intentato una causa contro l'NHS a causa di una politica discriminatoria che stabiliva che le coppie dello stesso sesso dovessero sottoporsi a più cicli di inseminazione artificiale a un costo elevato prima di poter accedere alla fecondazione in vitro (FIV). Questa politica, che hanno definito "tassa gay", comportava un onere finanziario sproporzionato per le coppie omosessuali, poiché una coppia eterosessuale può accedere alla FIV dopo due anni di tentativi naturali di concepimento.

Whitney e Megan hanno sostenuto che questa politica era ingiusta, poiché costringeva le coppie dello stesso sesso a sostenere spese significative che non erano richieste alle coppie eterosessuali. Il loro caso ha attirato una vasta copertura mediatica e ha ottenuto il sostegno dei difensori dei diritti LGBTQ+. Nel luglio 2023, il loro impegno è culminato in un cambiamento nella politica del NHS Frimley Integrated Care Board, che ha accettato di rivalutare le condizioni di accesso alla FIV per le coppie dello stesso sesso, eliminando i requisiti di inseminazione preliminari.

Un cambiamento storico e il suo impatto

La vittoria legale di Whitney e Megan ha segnato un precedente nel sistema sanitario britannico, aprendo la strada a molte altre coppie dello stesso sesso per accedere ai trattamenti di fertilità in condizioni di parità. Il loro successo è stato celebrato come un passo avanti significativo per l'uguaglianza nell'accesso alla salute riproduttiva e ha evidenziato le disparità che ancora esistono nel sistema, sensibilizzando sulle barriere che la comunità LGBTQ+ deve affrontare in termini di diritti familiari e riproduttivi.

5- L'ADOLESCENZA

L'adolescenza è un'età della vita caratterizzata da profondi e trasformativi cambiamenti, sia a livello fisico che emotivo e sociale. Esploriamo insieme questi aspetti:

Cambiamenti fisici

Pubertà: È il processo biologico più evidente, caratterizzato da cambiamenti ormonali che innescano lo sviluppo dei caratteri sessuali secondari (crescita dei peli, cambiamenti della voce, sviluppo degli organi riproduttivi, ecc.).

Crescita accelerata: Gli adolescenti sperimentano una rapida crescita, che può essere dis uniforme in diverse parti del corpo, causando a volte disagio.

Cambiamenti nella composizione corporea: Aumenta la massa muscolare e ossea, e si ridistribuisce il grasso corporeo.

Maturazione sessuale: Gli adolescenti acquisiscono la capacità di riprodursi.

Cambiamenti emotivi

Ricerca dell'identità: Gli adolescenti si chiedono chi sono, quali sono i loro valori e qual è il loro posto nel mondo.

Maggiore indipendenza: Cercano di separarsi dai genitori e di stabilire le proprie regole.

Sbalzi d'umore: Possono sperimentare sbalzi d'umore frequenti e intensi, a causa degli ormoni e dei cambiamenti emotivi.

Maggiore sensibilità: Diventano più consapevoli di sé stessi e degli altri, il che può portare a una maggiore sensibilità e vulnerabilità.

Maggiore interesse per le relazioni sociali: Gli amici assumono una grande importanza e si cercano modelli a cui ispirarsi.

Cambiamenti sociali

Più tempo con gli amici: Gli adolescenti passano più tempo con i loro amici e meno con la famiglia.

Preoccupazione per l'immagine corporea: L'aspetto fisico diventa molto importante e possono sorgere insicurezze.

Pressione del gruppo: Gli adolescenti sono influenzati dai loro coetanei e possono adottare comportamenti che non sono propri.

Interesse per temi adulti: Si interessano a temi come il sesso, le droghe e la politica.

Ricerca di nuove esperienze: Desiderano esplorare il mondo e vivere nuove avventure.

Per i nostri figli e figlie, scoprire di avere un'orientamento sessuale diverso da quello eterosessuale durante l'adolescenza può essere un'esperienza complessa e ricca di emozioni contrastanti. È un percorso unico per ogni individuo, influenzato da fattori sociali, culturali e personali.

Analizziamo alcuni aspetti comuni di questa esperienza:

Confusione e dubbi: È normale sentirsi confusi all'inizio. Gli adolescenti possono chiedersi se i loro sentimenti siano normali, se siano una fase o se siano permanenti.

Paure e ansie: La paura del rifiuto, della discriminazione e di non essere accettati dalla famiglia, dagli amici o dalla società in generale può generare ansia e stress.

Isolamento: Alcuni adolescenti possono sentirsi isolati o soli, credendo di essere gli unici a provare queste sensazioni. Questo può portarli a cercare spazi sicuri dove potersi esprimere senza paura di essere giudicati.

Accettazione di sé: Un processo graduale e talvolta doloroso. Imparare ad accettare la propria orientazione sessuale è fondamentale per costruire una sana autostima e un'identità positiva.

Ricerca di informazioni: Gli adolescenti tendono a cercare informazioni sulla loro orientazione sessuale per comprendere meglio ciò che stanno provando e connettersi con altre persone che condividono la loro esperienza.

Relazioni sociali: Le relazioni con amici e familiari possono essere influenzate. Alcuni adolescenti trovano sostegno nei loro cari, mentre altri possono affrontare difficoltà e conflitti.

Pressione sociale: La società spesso impone norme e aspettative sulla sessualità, il che può creare pressioni e rendere difficile esprimere la propria identità.

Per aiutarli in questa fase delicata della loro vita, è fondamentale il contesto familiare. Il sostegno e l'accettazione dei genitori sono essenziali per il benessere emotivo dell'adolescente.

Avere amici che li accettino e comprendano può essere di grande aiuto. Noi genitori possiamo incoraggiare i nostri figli a coltivare amicizie con persone che condividono i loro interessi. Come sappiamo, gli adolescenti LGBTQ+ spesso stringono amicizie con persone dell'altro sesso. È importante creare un ambiente in cui si sentano a proprio agio, come invitare a casa gli amici del nostro figlio o della nostra figlia per una serata. È fondamentale che non ci sentiamo a disagio, perché tra un ragazzo gay e una ragazza etero non c'è tensione sessuale e si possono sentire a proprio agio anche dormendo insieme durante una festa in pigiama. Lo stesso vale per le ragazze lesbiche, anche se spesso scoprono la propria sessualità prima e potrebbero preferire passare il tempo con gruppi di ragazze con interessi simili.

AIUTO, MIO FIGLIO/A È LGBTQ+!

È importante ricordare che ogni esperienza è unica. Non esiste un modo giusto o sbagliato di vivere l'adolescenza e scoprire la propria orientazione sessuale, e non esiste un modello standard per i genitori di figli LGBTQ+.

L'accettazione è fondamentale per i nostri figli. Accettare la propria identità è essenziale per il benessere emotivo a lungo termine e noi dobbiamo aiutarli in questo percorso.

Devono sapere che non sono soli: ci sono molte persone che li sostengono e li comprendono.

LE PERSONE LGTBI+ PIÙ INFLUENTI AL MONDO IN QUESTO MOMENTO

Graham Norton

Graham Norton: Un'icona della televisione britannica

Graham Norton è uno dei presentatori televisivi più conosciuti e ammirati del Regno Unito. Il suo carisma, il suo umorismo tagliente e il suo approccio unico alle interviste lo hanno reso un favorito sia in patria che a livello internazionale. Nato come Graham William Walker il 4 aprile 1963 a Clondalkin, in Irlanda, Norton ha lavorato nel mondo dello spettacolo per oltre tre decenni, distinguendosi come presentatore, comico e attore, creando un'eredità che va oltre i confini della televisione tradizionale.

I primi passi nella commedia e l'ascesa in televisione

Graham Norton ha iniziato la sua carriera nel mondo della commedia dopo essersi trasferito a Londra negli anni '90. Ha iniziato esibendosi in club comici e ha sviluppato uno stile comico audace e senza filtri che ha rapidamente catturato l'attenzione del pubblico. La sua grande occasione è arrivata quando è stato ingaggiato da Channel 4 nel 1998, presentando il programma "So Graham Norton". Lo show è stato un successo e ha consolidato il suo stile, caratterizzato dalla sua capacità di scherzare con gli ospiti e affrontare temi personali in modo umoristico e piacevole. Il suo approccio rilassato e la sua abilità nel mettere a proprio agio gli intervistati hanno creato un tipo di intervista che si distingue per autenticità e umorismo.

AIUTO, MIO FIGLIO/A È LGBTQ+!

The Graham Norton Show: un fenomeno internazionale

Il più grande successo di Norton è arrivato con "The Graham Norton Show", lanciato nel 2007 dalla BBC. Questo talk show, dove gli ospiti si siedono insieme su un unico divano, è stato innovativo nel suo formato, permettendo un'interazione tra le celebrità che raramente si vede in altri programmi. Le interviste in "The Graham Norton Show" sono note per essere spontanee, esilaranti e spesso rivelatrici, e il programma ha ospitato ospiti di grande fama come Tom Hanks, Adele e Lady Gaga, che spesso rivelano aspetti intimi o divertenti delle loro vite.

Attivismo LGBTQ+ e rappresentanza

Come uomo apertamente gay in un'epoca in cui la visibilità LGBTQ+ nei media era limitata, Norton è stato un simbolo di rappresentanza e orgoglio nello spettacolo. Nel corso degli anni, Norton ha utilizzato la sua piattaforma per difendere i diritti della comunità LGBTQ+ e per normalizzare la diversità sessuale nello spettacolo, contribuendo a rendere la televisione britannica più inclusiva. La sua visibilità e la sua franchezza sono state d'ispirazione per molte persone e hanno contribuito ad aprire le porte alle future generazioni di attori e presentatori LGBTQ+.

Oltre al suo ruolo di attivista, Norton è stato un sostenitore di cause sociali, collaborando con organizzazioni di beneficenza e offrendo il suo sostegno a iniziative per i diritti umani e l'uguaglianza nel Regno Unito. Sebbene Norton parli raramente della sua vita privata sui media, le sue esperienze come uomo gay nel mondo dello spettacolo gli hanno dato una prospettiva unica che ha condiviso nelle sue memorie, dove riflette sull'identità, la solitudine e l'accettazione.

Graham Norton non è solo un talentuoso presentatore televisivo, ma anche un simbolo di autenticità e un difensore dell'inclusione. La sua carriera continua ad essere un modello di innovazione nei media, e la sua influenza sulla rappresentazione LGBTQ+ e sulla diversità in televisione assicura che la sua eredità duri nel mondo dello spettacolo.

6- QUANDO CHIEDERE AIUTO?

Accettare e comprendere l'orientamento sessuale o l'identità di genere di un figlio o una figlia può essere un processo complesso per alcune famiglie, ed è del tutto naturale che sorgano dubbi, preoccupazioni o persino paure. Tuttavia, in questi momenti, il supporto psicologico può essere uno strumento molto utile, sia per il benessere dell'adolescente che per quello di tutta la famiglia. L'idea di ricorrere alla terapia non significa che qualcosa stia andando "male"; al contrario, è una dimostrazione di interesse per il benessere di tutti e di volontà di creare un ambiente di amore e comprensione.

Come capire se è il momento giusto per cercare aiuto professionale?

Se ci sono conflitti o tensioni in famiglia: A volte, l'imbarazzo o la mancanza di comprensione possono creare tensioni tra i membri della famiglia. Questo può essere dovuto a una mancanza di conoscenza o a difficoltà di comunicazione, specialmente quando c'è un divario generazionale. In questi casi, il supporto di un professionista può facilitare un dialogo sincero e rispettoso, aiutando ogni membro della famiglia a esprimere le proprie emozioni e i propri punti di vista in modo costruttivo.

Se l'adolescente mostra segni di ansia, tristezza o isolamento: Se noti che tuo figlio o tua figlia è ritirato, demotivato o mostra segni di tristezza o ansia, potrebbe essere un segnale che sta affrontando sentimenti complessi o si sente solo nella sua esperienza. La terapia può offrirgli uno spazio sicuro dove esprimere i suoi pensieri senza paura di essere giudicato e imparare strategie per gestire l'ansia o le insicurezze.

Se la famiglia ha bisogno di strumenti per comprendere meglio la diversità sessuale e di genere: Non tutti i genitori o i familiari hanno una comprensione completa dei temi dell'orientamento sessuale o dell'identità di genere, e questo è naturale. La terapia può fornire informazioni chiare e aggiornate che permettono di comprendere meglio queste realtà. Un professionista qualificato può aiutare a risolvere dubbi e dissipare credenze errate che a volte causano stress o resistenza.

Quando i genitori hanno bisogno di supporto per adattarsi al processo: L'orientamento sessuale o l'identità di genere di un figlio o una figlia può sfidare credenze o aspettative precedenti, e questo può richiedere tempo per essere assimilato. La terapia offre uno spazio dove i genitori possono elaborare le proprie emozioni e imparare a essere una fonte di sostegno solida e incondizionata. Anche se all'inizio si sentono a disagio, i genitori spesso trovano nella terapia uno spazio per chiarire i propri sentimenti e rafforzare il loro rapporto con il figlio o la figlia.

Per l'adolescente, avere un supporto psicologico non solo gli permette di gestire meglio le proprie emozioni, ma gli fornisce anche gli strumenti per sviluppare una sana autostima e imparare ad affrontare situazioni di rifiuto o discriminazione che, purtroppo, possono ancora verificarsi nell'ambiente sociale o scolastico. I giovani che hanno questo tipo di sostegno si sentono generalmente più sicuri di sé e hanno meno paura di esprimere chi sono.

D'altra parte, i genitori possono beneficiare dell'orientamento terapeutico imparando a comunicare in modo efficace e a fornire un ambiente di contenimento emotivo. In questi spazi, i genitori possono lavorare sulle abilità di ascolto attivo e su come dimostrare un'accettazione incondizionata, che è fondamentale per il benessere emotivo di qualsiasi figlio o figlia.

È importante ricordare che cercare un supporto psicologico non è un segno di debolezza o fallimento, ma una decisione d'amore e di impegno per il benessere della famiglia. Rivolgersi a un terapeuta significa aprirsi all'apprendimento e alla comprensione reciproca, ed è uno strumento che può rendere il processo di accettazione e adattamento molto più fluido e sano per tutti.

In definitiva, un professionista della psicologia agisce come una guida in questo processo, aiutando tutti i membri della famiglia a trovare il proprio equilibrio e a costruire una relazione basata sul rispetto e sull'empatia. Quando genitori e adolescenti lavorano insieme, supportati da un esperto, il percorso verso l'accettazione diventa un'opportunità di crescita che rafforza i legami familiari e fornisce ai giovani una base solida su cui costruire la propria identità.

LE PERSONE LGTBI+ PIÙ INFLUENTI AL MONDO IN QUESTO MOMENTO
Ophelia Dahl

Ophelia Dahl: Un'icona della lotta per la salute globale

Ophelia Dahl è una nota attivista e filantropa britannico-americana che ha dedicato la sua vita a migliorare l'accesso alle cure mediche nelle comunità più vulnerabili del mondo. Cofondatrice di Partners In Health (PIH), un'organizzazione sanitaria globale impegnata a portare servizi medici alle comunità in condizioni di povertà, Dahl ha guidato un'iniziativa volta a trasformare i sistemi sanitari e promuovere la giustizia sociale in alcuni dei luoghi più poveri del pianeta. Il suo lavoro ha toccato la vita di milioni di persone e l'ha resa una figura fondamentale nella lotta per il diritto alla salute.

Origini e influenze familiari

Ophelia Dahl è nata a Oxford, in Inghilterra, nel 1964, figlia del famoso scrittore Roald Dahl e dell'attrice Patricia Neal. Fin da giovane, è stata influenzata dalle storie di suo padre, che spesso affrontavano temi di giustizia e compassione, e dalla forza di sua madre, che ha superato grandi sfide di salute nel corso della sua vita. Questa combinazione di fattori l'ha ispirata a impegnarsi in cause umanitarie fin dalla tenera età.

L'incontro in Haiti e la nascita di Partners In Health

Nel 1983, all'età di 18 anni, Ophelia Dahl si recò ad Haiti come volontaria, dove incontrò il Dr. Paul Farmer, un giovane medico che condivideva la sua visione di giustizia sociale e salute universale. Questo incontro è stato fondamentale per la sua vita e la sua carriera, e insieme fondarono Partners In Health nel 1987. PIH iniziò con una clinica a Cange, in Haiti, ma si espanse rapidamente in altre regioni in estrema povertà.

La filosofia di PIH è semplice ma potente: "la salute è un diritto umano". Dahl e Farmer credevano che tutte le persone, indipendentemente dal loro luogo di origine o dalla loro situazione economica, meritassero di accedere a cure mediche di qualità. Sotto la loro guida, PIH ha implementato programmi di assistenza sanitaria in paesi come Haiti, Perù, Ruanda e Sierra Leone, affrontando sfide come l'HIV, la tubercolosi, l'Ebola e, più recentemente, il COVID-19.

Riconoscimenti e eredità

Nel corso degli anni, Ophelia Dahl ha ricevuto numerosi riconoscimenti per il suo lavoro umanitario, inclusi premi da organizzazioni globali per la salute e i diritti umani. Nel 2011, è stata nominata da TIME come una delle 100 persone più influenti al mondo, sottolineando il suo impegno per la giustizia sociale e la sua visione di un sistema sanitario inclusivo e accessibile.

Oltre al suo lavoro in PIH, Dahl è stata una sostenitrice attiva dell'equità in salute e ha fatto parte del consiglio di amministrazione di istituzioni dedicate alla giustizia sociale e ai diritti umani. La sua leadership e il suo impegno incrollabile hanno ispirato generazioni di attivisti e professionisti della salute, e la sua eredità continua a influenzare la vita di milioni di persone che hanno avuto accesso a migliori opportunità di salute grazie al suo lavoro.

7 - Il mio partner non accetta l'orientamento di nostro figlio.

Immagina di stare costruendo un castello di sabbia sulla spiaggia. Insieme al tuo partner, avete modellato ogni torre, ogni fossato, con grande cura e impegno. All'improvviso, un'onda gigante arriva e cambia un po' la forma del tuo castello. Potresti sorprenderti, magari arrabbiarti un po'. Ma invece di distruggere tutto, puoi decidere di ricostruire il tuo castello, dandogli una nuova forma, più forte e più resistente.

È così che si sentono molte famiglie quando uno dei loro figli confessa di provare qualcosa di diverso per qualcuno del suo stesso sesso. All'inizio potresti sentirti confuso, spaventato o persino arrabbiato. È normale provare tutte queste emozioni. L'importante è sapere che non sei solo e che insieme potete trovare il modo di continuare a costruire la vostra famiglia, solo che ora seguirete un percorso diverso.

Perché il mio partner si sente così?

Ogni persona reagisce in modo diverso a una notizia del genere. Il tuo partner potrebbe provare paura per l'ignoto, per quello che la gente potrebbe pensare, oppure potrebbe semplicemente aver bisogno di tempo per elaborare questa nuova informazione. Potrebbe anche avere convinzioni o valori che entrano in conflitto con questa nuova realtà.

SE SI PRESENTA QUESTO PROBLEMA, LA COMUNICAZIONE È FONDAMENTALE.

- Trova il momento giusto: Scegli un luogo tranquillo e privo di distrazioni per parlare.

- Ascolto attivo: Dedica tutta la tua attenzione a ciò che il tuo partner ti sta dicendo. Non interrompere né cercare soluzioni immediate.

- Valida i suoi sentimenti: Riconosci ciò che prova, anche se non sei d'accordo. Ad esempio, puoi dire: "Capisco che ti senti confuso, è una situazione nuova per tutti noi".

- Usa "io" invece di "tu": Esprimi i tuoi sentimenti senza incolpare il partner. Ad esempio, puoi dire: "Mi sento un po' spaesato in questo momento, ma voglio che tu sappia che ti sostengo".

- Sii paziente: Il cambiamento richiede tempo. Non aspettarti che il tuo partner cambi idea da un giorno all'altro.

INSIEME POSSIAMO FARLO.

Ma non finisce qui. Ci sono molte altre strategie che puoi mettere in pratica se il tuo partner non accetta ancora tua figlia o tuo figlio.

- Cerca informazioni: Informati sulla diversità sessuale e di genere. Più conosci, più ti sentirai sicuro nel parlare con il tuo partner e con i tuoi figli.

- Parla con altre madri e padri: Unisciti a gruppi di supporto per genitori di figli e figlie LGTBI+. Condividere le tue esperienze con altre persone che stanno affrontando la stessa situazione può essere molto confortante e offrirti nuove prospettive.

- Cerca aiuto professionale: Un terapeuta di coppia può fornirti strumenti per migliorare la comunicazione e risolvere i conflitti.

- Celebra i piccoli traguardi: Riconosci e festeggia ogni passo avanti che il tuo partner e tua figlia o tuo figlio compiono insieme, anche se è piccolo.

CON AMORE, PAZIENZA E COMPRENSIONE, POTETE SUPERARE QUALSIASI OSTACOLO.

AIUTO, MIO FIGLIO/A È LGBTQ+!

LE PERSONE LGTBI+ PIÙ INFLUENTI AL MONDO IN QUESTO MOMENTO

Colman Domingo

Colman Domingo è un attore, sceneggiatore, regista e produttore statunitense, noto per la sua grande versatilità e le sue potenti interpretazioni nel cinema, in televisione e a teatro. Con una carriera che abbraccia più di tre decenni, Domingo è apparso in produzioni diverse come la serie acclamata di HBO Euphoria, il dramma storico Selma e il film Zola. Oltre al suo lavoro come attore, Domingo è un fervente sostenitore della rappresentazione e della diversità nell'industria dell'intrattenimento, in particolare per quanto riguarda la comunità LGBTQ+ e le persone di colore.

Gli inizi e la carriera teatrale

Nato il 28 novembre 1969 a Filadelfia, Colman Domingo ha iniziato la sua carriera nel teatro, dove si è rapidamente distinto per il suo talento e la sua presenza scenica. Dopo essersi laureato alla Temple University, si è trasferito a San Francisco, dove ha sviluppato un forte legame con il teatro comunitario. Uno dei suoi primi ruoli importanti è stato nella pièce Passing Strange , successivamente adattata al cinema dal regista Spike Lee.

Domingo è stato un interprete prolifico a Broadway, dove ha ottenuto un grande riconoscimento per il suo lavoro in produzioni come The Scottsboro Boys e A Boy and His Soul , quest'ultima scritta e interpretata da lui stesso. La sua capacità di raccontare storie personali e toccanti a teatro gli è valsa numerose nomination e premi, inclusa una candidatura ai Tony Awards.

Scrittore, regista e promotore della diversità

Oltre alla sua carriera di attore, Colman Domingo è un creatore poliedrico che ha scritto e diretto diverse produzioni. La sua serie Bottomless Brunch at Colman's , trasmessa su AMC, dimostra la sua capacità di connettersi con il pubblico in modo autentico e spontaneo, combinando conversazioni con ospiti in un formato informale e divertente.

Domingo è un fermo sostenitore della diversità e dell'inclusione a Hollywood. Come uomo nero e dichiaratamente gay, ha parlato apertamente delle barriere e delle sfide affrontate dagli attori e dai creatori LGBTQ+ e di colore nell'industria dell'intrattenimento. Attraverso i suoi ruoli e il suo lavoro come scrittore e regista, si impegna a rappresentare con autenticità le esperienze delle persone di colore e della comunità LGBTQ+, offrendo una prospettiva fresca e necessaria a Hollywood.

8- L'IMPORTANZA DELLA RETE DI SUPPORTO ESTERNA PER LE FAMIGLIE CON FIGLI LGTBIQ+

Quando un figlio o una figlia rivela di appartenere al collettivo LGTBIQ+, può essere un momento carico di emozioni contrastanti per molti genitori. Accettare e comprendere la diversità sessuale e di genere può rappresentare una sfida, soprattutto se non si è mai avuto un contatto diretto con queste esperienze. In questo contesto, i gruppi di supporto svolgono un ruolo fondamentale, offrendo un ambiente sicuro e accogliente dove i genitori possono trovare orientamento, empatia e, soprattutto, un senso di appartenenza.

A differenza delle conversazioni nel contesto familiare o sociale, i gruppi di supporto consentono di parlare senza riserve di paure, preoccupazioni e dubbi che a volte si ha vergogna di esprimere apertamente. Questi gruppi sono spesso composti da genitori che hanno vissuto esperienze simili, il che permette loro di condividere una comprensione profonda e priva di pregiudizi nei confronti di ciò che gli altri stanno provando. Poter esprimere i propri pensieri senza timore di essere giudicati aiuta i genitori a elaborare meglio le proprie emozioni, apprendendo al contempo dalle esperienze e dagli insegnamenti degli altri membri.

In questi spazi, i genitori ascoltano spesso storie ispiratrici che raccontano le sfide e i successi di altre famiglie con figli LGTBIQ+. Dalle difficoltà iniziali fino alle storie di piena accettazione e orgoglio familiare, ogni esperienza può offrire un contributo significativo. Per molti, è confortante sapere che le paure che provano –come la preoccupazione per la discriminazione o il futuro dei propri figli– sono condivise da altri genitori, il che li aiuta a relativizzare e affrontare tali timori con una nuova prospettiva.

AIUTO, MIO FIGLIO/A È LGBTQ+!

Oltre a essere uno spazio emotivamente sicuro, questi gruppi forniscono anche informazioni pratiche. I genitori possono apprendere risorse locali o nazionali utili per i loro figli, come servizi di supporto psicologico, consulenza legale, attività sociali inclusive e materiali educativi sulla diversità sessuale e di genere. Spesso, i gruppi sono in contatto con professionisti specializzati in tematiche LGTBIQ+ che possono fornire consigli su come affrontare determinati argomenti con i figli, gestire conversazioni difficili o intervenire in caso di conflitti familiari o sociali.

Un aspetto fondamentale è la formazione e la sensibilizzazione. In questi gruppi, i genitori possono ricevere un'educazione continua su temi legati alla diversità, che li aiuta a comprendere meglio i termini, i bisogni e le preoccupazioni dei propri figli. Con l'aumento delle conoscenze, si riducono i pregiudizi e si rafforza il legame di supporto tra genitori e figli, permettendo loro di affrontare insieme qualsiasi sfida possa presentarsi.

I gruppi di supporto non aiutano solo i genitori; i benefici si estendono anche ai figli, che percepiscono come la loro famiglia si impegni attivamente a comprenderli e sostenerli. Questo crea un ambiente più positivo e pieno di fiducia in casa, promuovendo una comunicazione aperta e sincera.

I gruppi di supporto sono strumenti preziosi per i genitori che desiderano offrire un amore più completo e consapevole ai loro figli LGTBIQ+. Offrono uno spazio di crescita, sollievo e apprendimento, in cui ogni esperienza condivisa e ogni consiglio ricevuto arricchisce il percorso di accettazione e sostegno verso una famiglia più unita ed empatica.

9- LA COMUNITÀ EDUCATIVA: UN ALLEATO FONDAMENTALE PER LE FAMIGLIE CON FIGLI LGTBIQ+

La scuola, essendo uno degli ambienti in cui gli adolescenti trascorrono gran parte del loro tempo, svolge un ruolo cruciale nello sviluppo della loro identità e autostima. Per i figli LGTBIQ+, il supporto e l'inclusione nella comunità educativa possono fare una grande differenza nel loro benessere emotivo, sociale e accademico. Questo dovrebbe essere uno spazio in cui, idealmente, possano sentirsi sicuri, accettati e valorizzati, indipendentemente dal loro orientamento sessuale o identità di genere.

Come genitori, ci sono diversi modi in cui possiamo collaborare con la comunità educativa per garantire che i nostri figli trovino in essa un luogo inclusivo e positivo.

Un primo passo importante è parlare con gli insegnanti e il personale scolastico riguardo all'approccio adottato sui temi della diversità e del rispetto. Molte scuole dispongono già di politiche di inclusione, ma la loro applicazione può variare a seconda dell'istituto o del docente. Come genitori, possiamo richiedere informazioni su come viene trattata l'educazione alla diversità e al rispetto e chiedere se esistono programmi o attività specifiche per promuovere l'inclusione degli studenti LGTBIQ+. Queste iniziative possono includere incontri e laboratori di sensibilizzazione, oltre a campagne contro il bullismo e la discriminazione, con l'obiettivo di creare un ambiente scolastico più sicuro e rispettoso per tutti gli studenti.

È utile anche interessarsi alla formazione che il personale educativo riceve sui temi della diversità e del genere. In alcune scuole, insegnanti e orientatori vengono formati specificamente per affrontare questioni legate alla diversità sessuale e di genere, mentre in altri casi, si tratta di un processo ancora in via di sviluppo. I genitori possono sostenere l'importanza di questa formazione per garantire che i docenti siano preparati a trattare questi argomenti in modo appropriato e rispettoso.

Stabilire una comunicazione aperta con la scuola

Mantenere un dialogo continuo con gli insegnanti e gli orientatori può essere fondamentale per assicurarsi che nostro figlio o figlia riceva il supporto adeguato nell'ambiente scolastico. Parlando con loro, possiamo esprimere le nostre preoccupazioni e aspettative in modo costruttivo, sottolineando l'importanza che la scuola sia un luogo inclusivo e sicuro. Se notiamo che nostro figlio sta affrontando discriminazioni o episodi di bullismo, è essenziale informare il personale scolastico affinché possa intervenire tempestivamente.

Gli orientatori, in particolare, svolgono un ruolo centrale nell'accompagnamento degli studenti LGTBIQ+, poiché possono offrire supporto emotivo e aiutarli a gestire eventuali difficoltà nella loro vita scolastica o personale. Per i genitori, è prezioso instaurare un rapporto di fiducia con loro, in modo che l'orientatore diventi un alleato sia per il benessere dello studente che per la serenità della famiglia.

Promuovere l'inclusione attraverso le attività scolastiche

Un altro modo in cui i genitori possono sostenere i propri figli è promuovendo o partecipando ad attività scolastiche che celebrano la diversità. Ad esempio, alcune scuole organizzano eventi come la settimana della diversità o laboratori di sensibilizzazione in cui si affrontano temi legati all'orientamento sessuale e all'identità di genere. Partecipare a questi eventi, come volontari o semplici spettatori, non solo dà visibilità all'inclusione, ma rappresenta anche un'opportunità per educare e sensibilizzare altri genitori e studenti.

Coinvolgersi nella vita scolastica permette agli altri genitori e insegnanti di familiarizzare con la diversità, contribuendo così a rendere l'ambiente scolastico più aperto e accogliente. Anche piccoli gesti, come suggerire libri, film o incontri sulla diversità per la biblioteca o per attività culturali, possono contribuire alla costruzione di una cultura di rispetto e accettazione.

Supporto in caso di episodi di bullismo o discriminazione

Purtroppo, il bullismo nei confronti degli studenti LGTBIQ+ rimane un problema in alcune realtà, ed è quindi importante sapere come agire se nostro figlio affronta situazioni di discriminazione o vessazioni. È fondamentale assicurarsi che la scuola disponga di protocolli chiari per gestire questi casi. Tali protocolli dovrebbero garantire la sicurezza dello studente e promuovere azioni correttive nei confronti degli aggressori, oltre a fornire supporto emotivo a chi ne ha bisogno.

In situazioni di bullismo, la comunicazione con la scuola deve essere ferma e proattiva. I genitori possono collaborare con il personale scolastico per sviluppare strategie che non solo proteggano il proprio figlio, ma che promuovano anche una cultura di rispetto all'interno della comunità scolastica. La collaborazione con altri genitori e con organizzazioni di supporto può risultare utile per garantire che queste misure vengano mantenute e applicate in modo efficace.

Coinvolgere altri genitori nel processo

L'inclusione non riguarda solo il personale educativo e gli studenti, ma anche le famiglie. Parlare apertamente con altri genitori e promuovere l'inclusione e il rispetto all'interno della comunità educativa è altrettanto importante. A volte, i pregiudizi o la mancanza di informazioni tra alcuni genitori possono contribuire a creare un ambiente scolastico meno accogliente per gli studenti LGTBIQ+. Avviare dialoghi rispettosi e condividere esperienze con altri genitori può aiutare a rompere le barriere e a costruire una rete di supporto più ampia.

La comunità educativa può e deve essere uno spazio di inclusione e sostegno per i figli e le figlie LGTBIQ+. Con un ambiente sicuro e un personale formato adeguatamente, questi studenti possono crescere, sviluppare un'autostima sana e trovare nella scuola un luogo in cui sentirsi valorizzati e rispettati. Collaborando con la scuola e promuovendo una cultura di rispetto e accettazione, i genitori aiutano i loro figli ad affrontare il mondo con fiducia e orgoglio nella propria identità.

10. SALUTE MENTALE E USO DI DROGHE

I giovani della comunità LGTBIQ+ affrontano sfide che, in alcuni casi, li espongono a un rischio maggiore di sviluppare problemi di salute mentale, come la depressione, o di ricorrere all'uso di droghe. Questi problemi non sono intrinseci all'identità di genere o all'orientamento sessuale, ma spesso sono conseguenze del rifiuto, dello stigma e della discriminazione che, purtroppo, molti continuano a subire nei loro ambienti sociali, familiari e scolastici.

Depressione e salute mentale

La depressione è uno dei problemi di salute mentale più comuni tra i giovani LGTBIQ+, causata da molteplici fattori che si sommano, creando un peso emotivo significativo. Uno di questi fattori è la discriminazione sociale: molti giovani LGTBIQ+ affrontano il rifiuto e l'esclusione da parte dei coetanei o, in alcuni casi, persino dalle proprie famiglie. La mancanza di accettazione e la paura di essere giudicati possono farli sentire isolati, incompresi o incapaci di vivere pienamente la propria identità.

Un'altra causa che può contribuire alla depressione tra i giovani del collettivo è la paura del rifiuto. Anche quando l'ambiente familiare o sociale sembra favorevole, la percezione di poter essere respinti se rivelano il proprio orientamento sessuale o identità di genere genera alti livelli di ansia e stress. Molti giovani si sentono costretti a nascondere una parte essenziale di sé, il che può portare a una sensazione di mancanza di autenticità e a problemi di autostima.

Inoltre, c'è la pressione costante di conformarsi a determinati standard di mascolinità, femminilità o eterosessualità imposti dalla società. Questa pressione sociale può indurre i giovani a provare confusione riguardo alla propria identità, influendo negativamente sulla loro salute mentale. L'adolescenza è già di per sé una fase in cui l'identità è in costruzione, e quando un giovane LGTBIQ+ si sente obbligato a reprimere il proprio vero sé, il rischio di soffrire di depressione aumenta notevolmente.

La discriminazione e il bullismo scolastico sono fattori determinanti che influiscono sulla salute mentale. Studi dimostrano che i giovani LGTBIQ+ subiscono bullismo a tassi molto più alti rispetto ai loro coetanei eterosessuali. Questo bullismo può andare dalle prese in giro fino alle aggressioni fisiche, e gli effetti del bullismo sono devastanti per la loro salute mentale. L'umiliazione e l'isolamento generati dal bullismo possono portare questi giovani a sentirsi senza speranza, e nei casi più gravi, al suicidio.

Consumo di droghe e sostanze

AIUTO, MIO FIGLIO/A È LGBTQ+!

Il consumo di droghe tra i giovani LGTBIQ+ può essere legato alle stesse cause che provocano la depressione, ma può anche derivare dalla necessità di sfuggire alla pressione emotiva e al rifiuto sociale. In molti casi, i giovani trovano nelle droghe una forma di evasione, un modo temporaneo per attenuare il dolore o ridurre l'ansia causati dall'ambiente in cui vivono.

Le droghe possono anche rappresentare un tentativo di integrarsi in determinati ambienti sociali in cui i giovani credono di essere più accettati. Per esempio, in alcune sottoculture, il consumo di sostanze viene visto come un'attività sociale, e un giovane che subisce esclusione nella vita quotidiana potrebbe rivolgersi a questi contesti in cerca di accettazione. Tuttavia, ciò può portarli a comportamenti a rischio e allo sviluppo di una dipendenza.

In altri casi, i giovani LGTBIQ+ ricorrono alle droghe come un modo per gestire lo stress di vivere in segreto o per nascondersi da genitori, amici o dalla comunità in generale. Condurre una doppia vita, fingendo di essere qualcosa che non sentono come autentico, è emotivamente estenuante e spesso li porta a cercare sollievo nel consumo di sostanze.

Fattori protettivi e il ruolo del supporto familiare e sociale

È importante sottolineare che questi problemi non sono inevitabili. Avere una rete di supporto solida e una comunità che li accoglie e li valorizza può fare una grande differenza nella vita di un giovane LGTBIQ+. Genitori, amici e insegnanti hanno il potere di fornire il sostegno e l'accettazione necessari per sviluppare un'autostima sana ed evitare gli effetti negativi del rifiuto e dell'isolamento.

Gli studi dimostrano che i giovani LGTBIQ+ che si sentono sostenuti e accettati dalle loro famiglie hanno una probabilità significativamente minore di cadere nella depressione o nel consumo di droghe. I genitori possono svolgere un ruolo essenziale semplicemente ascoltando i propri figli e offrendo loro uno spazio sicuro dove possano esprimersi. Per quanto riguarda l'ambiente educativo, le scuole che promuovono una cultura inclusiva e di rispetto per la diversità contribuiscono anche a ridurre i problemi di salute mentale e il consumo di sostanze tra gli studenti LGTBIQ+.

Inoltre, l'accesso a terapia e supporto psicologico è fondamentale per i giovani che affrontano queste difficoltà. Avere un professionista che li ascolti e li guidi può aiutarli a sviluppare strategie per affrontare il rifiuto, la paura e l'ansia senza ricorrere a comportamenti autodistruttivi. Esistono terapeuti specializzati in tematiche di diversità sessuale e di genere, che comprendono meglio le esperienze e le difficoltà specifiche di questi giovani, offrendo un supporto più efficace ed empatico.

RICORDA

L'ACCETTAZIONE POSITIVA DELL'OMOSESSUALITÀ DELLE NOSTRE FIGLIE E DEI NOSTRI FIGLI È FONDAMENTALE PER LA LORO VITA PRESENTE E FUTURA.

NON VERGOGNARTI MAI PERCHÉ TUA FIGLIA O TUO FIGLIO È OMOSESSUALE.

DILLO A TUTTI:

SONO ORGOGLIOSA DI MIA FIGLIA LESBICA.

SONO ORGOGLIOSO DI MIO FIGLIO GAY.

SONO ORGOGLIOSA DI MIO FIGLIO TRANS.

AIUTO, MIO FIGLIO/A È LGBTQ+!

Joan Pont Galmés vive sull'isola di Maiorca. Ex guardia del corpo di autorità militari e broker di borsa, attualmente si dedica interamente alla scrittura. Sotto lo pseudonimo J.P. Johnson, ha pubblicato sia opere di narrativa che di saggistica, tra cui la saga di fantascienza "Il Quinto Origine" e la serie di autoaiuto "Sì, voglio. Sì, posso". Inoltre, ha esplorato temi familiari nella sua serie "¡SOCORRO!" e pubblicato libri per l'infanzia, affermandosi come scrittore prolifico e versatile.

1. ¡Socorro, mio figlio/a è adolescente!
2. ¡Socorro, mio figlio/a vuole vuole diventare uno youtuber!
3. ¡Socorro, mio figlio/a è LGTBIQ+!

AIUTO, MIO FIGLIO/A È LGBTQ+!

Don't miss out!

Visit the website below and you can sign up to receive emails whenever Joan Pont publishes a new book. There's no charge and no obligation.

https://books2read.com/r/B-A-WEFWB-TSIIF

BOOKS 2 READ

Connecting independent readers to independent writers.

Milton Keynes UK
Ingram Content Group UK Ltd.
UKHW031347011224
451755UK00001B/81